LAS VICTIMAS OLVIDADAS
DEL CHE GUEVARA

LAS VICTIMAS OLVIDADAS DEL CHE GUEVARA

Segunda edición

María C. Werlau

Esta es una publicación de
Free Society Project, Inc.,
también conocida como Archivo Cuba,
organización educativa sin fines de lucro
incorporada en Washington, D.C.
dedicada a promover los derechos humanos
con investigaciones y publicaciones.

ArchivoCuba.org

El Proyecto de Verdad y Memoria de Archivo Cuba
documenta el costo en vidas de la revolución cubana
y promueve una cultura pro vida en un estado de derecho.
Exhorta a la comunidad internacional a apoyar los
derechos humanos y la libertad del pueblo cubano.

Neo Club Ediciones
Diseño de portada: Alexandria Library

Primera edición: Mayo 2011
Segunda edición: Noviembre 2020

PREFACIO

El régimen comunista cubano ha cometido graves violaciones de los derechos humanos durante casi seis décadas. La comunidad internacional le ha dado un trato mucho más favorable que a otras dictaduras en gran parte por la falsa legitimidad que deriva de sus campañas propagandísticas. Estas probablemente son de las más exitosas de todos los tiempos y ayudan a ocultar sus peores crímenes y cultivar la idolatría de sus líderes.

Che Guevara ha sido el principal baluarte de la idealización de la Revolución cubana. La idea romántica del Che, con sus imágenes icónicas, tiene un alcance global; es un fenómeno excepcional de la historia moderna. Pero carece de veracidad histórica. Esta publicación aporta material testimonial y fotográfico inédito a la extensa bibliografía sobre el Che que ha sido tan parca sobre sus víctimas.

No es posible cabalmente recoger el dolor que han causado las pérdidas que se asoman en estas páginas. Dedicamos esta publicación a las almas olvidadas —las que conocemos y las que no— cuyas vidas terrenales fueron cruelmente truncadas por el Che Guevara, así como a los que quedaron atrás, los huérfanos, esposas, padres y otros seres queridos con cuya pena el mundo ha sido indiferente y que profundiza la exaltación del verdugo. Sus historias también merecen ser contadas.

La primera edición de esta publicación es de mayo de 2011. Esta segunda publicación, de octubre 2020, contiene ediciones y actualizaciones.

LAS VÍCTIMAS OLVIDADAS
DEL CHE GUEVARA

Ernesto Guevara, mejor conocido como el "Che," es figura emblemática de la mitología revolucionaria e ícono por excelencia de la cultura de masas. Irónicamente, la mayoría de los devotos al culto del Che saben poco o nada acerca de él, sobre lo que representó e hizo y de las consecuencias de su violenta cruzada. Sin embargo, existe una verdad oscura e irreconciliable detrás del mito cuidadosamente construido en torno al Che Guevara. Esta se hace obvia al hacer una revisión incluso superficial de la extensa bibliografía que existe sobre el Che, incluyendo sus propios escritos.

La cara del Che adorna las camisetas de muchos opositores a la pena capital, pero el Ernesto Guevara de carne y hueso exhibió un profundo desprecio por la santidad de la vida humana. Su patología se asomó a muy temprana edad. Alberto Benegas Lynch relata en su libro *Mi primo, el Che* que, de niño, su primo disfrutaba sádicamente con hacer sufrir a los animales. Jaime Costa, del grupo de revolucionarios cubanos al cual se había unido el Che en México,[1] contó que cuando todos se habían negado a degollar los perros que trajo el instructor militar, Che había accedido al cruel experimento. Por su parte, el instructor militar, Miguel Sánchez, "el coreano," habló sobre los crueles experimentos al que Che sometía a gatas preñadas que capturaba en las calles de México y sostuvo: "Tengo la

---

[1] Los cubanos planificaban comenzar la lucha armada contra la dictadura de Batista entrenándose como una fuerza expedicionaria y el 2 de diciembre de 1956 entraron a Cuba en la embarcación Granma.

convicción de que las personas que son crueles con los animales, lo son también con las personas, con los seres humanos." Sánchez reconoció que Che, el más destacado alumno del grupo, era un sicópata fascinado con la idea de matar y contó como gozaba de recitar y de pedirle a él que le recitara el incendiario y macabro poema "La Desesperación." Entre sus tétricos versos de muerte y desolación figura: "Me agrada un cementerio de muertos bien relleno, manando sangre y cieno, que impida el respirar; y allí un sepulturero de tétrica mirada, con mano despiadada los cráneos machacar." (Ver el Anexo.)

Sánchez relató que Che no sólo no objetó cuando Fidel liquidó a un miembro del grupo de México, sino que se ofreció para amputarle las manos antes de enterrarlo para dificultar la identificación del cadáver. (Irónicamente, diez años más tarde, Che sufriría la misma suerte.) Según Sánchez, Fidel, "para establecer su autoridad," había matado al joven cubano "de color y flaquito" por quejarse de las condiciones de vida durante el entrenamiento militar en México. Fue el primero que había reconocido haberse quejado al Fidel interpelar al grupo; instantáneamente Fidel le dio cuatro balazos en el pecho y el abdomen, más

"…y sé, porque lo veo impreso en la noche, que yo, el ecléctico disector de doctrinas y psico-analista de dogmas, aullando como poseído, asaltaré las barricadas o trincheras, teñiré en sangre mi arma y, loco de furia, degollaré a cuanto vencido caiga entre mis manos… Ya siento mis narices dilatadas, saborean-do el acre olor de pólvora y de sangre, de muerte enemiga; ya crispo mi cuerpo, listo a la pelea, y preparo mi ser como a un sagrado recinto para que en él resuene con vibraciones nuevas y nuevas esperanzas el aullido bestial del proletariado triunfante."
—Ernesto Guevara, Nota en el margen, Notas de Viaje, circa 1951-52.

dos tiros en la cabeza cuando cayó. En su libro *After Fidel*, Brian Latell identifica a la víctima como Calixto Morales, un joven maestro rural que había dejado a su familia en Cuba para unirse al grupo de los Castro.

No mucho antes, un Che de 25 años había escrito una larga y apasionada nota de despertar revolucionario al margen de sus "Notas de viajes" durante su aventura en motocicleta por América: "…aullando como poseído, asaltaré las barricadas o trincheras, teñiré en sangre mi arma y, loco de furia, degollaré a cuanto vencido caiga entre mis manos." Sus líneas fueron proféticas sobre el curso violento que emprendería y el largo rastro de sangre que fue dejando.

El Che llegó a la Sierra Maestra cubana listo para darle rienda suelta a su impulso sanguinario. En enero de 1957 le escribió a su esposa de entonces, Hilda Gadea, sobre su estado anímico: "Aquí, desde la manigua cubana, vivo y sediento de sangre, escribo estas encendidas líneas martianas."[2]

Fidel Castro lo puso al frente de la segunda columna de la Sierra y lo nombró "comandante" en julio de 1957; fue el primer combatiente que ascendió a dicho rango. Jon Lee Anderson, biógrafo del Che, escribe que Guevara encabezó "la nueva política del ejército rebelde de 'justicia revolucionaria rápida', forjando simultáneamente una reputación de ferocidad e implacabilidad."[3] Anderson señala "el evidente celo calvinista que puso el Che en la persecución de aquellos que se habían apartado del 'camino correcto'."[4] Lo que es más espeluznante es que dicho celo lo llevó a terminar con muchas vidas, algunas por su propia mano, y

---

[2] Carlos Alberto Montaner, El Che Guevara y las cosas que hacen los "progres", Fundación para el Análisis y Estudio Social (FAES), enero-marzo 2008, p. 177.

[3] Jon Lee Anderson, *Che Guevara. A Revolutionary Life*. New York: Grove Press, 1997. (Traducción del inglés.)

[4] Ibidem.

cientos, tal vez miles, por sus órdenes directas e incontables cientos de miles alentadas por él.

El Che era partidario de una disciplina severa, incluso entre sus propias tropas, y se reporta que mandó a matar a subordinados por el sólo hecho de fumarse un cigarrillo en la noche (por exponer a que la tropa fuera descubierta) o servirse un plato de comida antes que él. Jugó un rol en la ejecución sumaria de al menos veinticinco personas en la Sierra Maestra, al menos seis por su orden directa y al menos uno de su propia mano. Por lo general, las víctimas fueron campesinos de la zona acusados de colaborar con el ejército de Batista, general-mente como informantes. Algunos eran voluntarios del Ejército Rebelde que decidieron abandonar la lucha por las condiciones que enfrentaban; las tropas frecuentemente pasaban hambre durante días. Algunos eran campesinos de la zona acusados de crímenes que incluían desde merodear por el campamento y robar la comida destinada a los rebeldes hasta ofensas más graves como la violación o el asesinato de pobladores de las zonas rurales. Todos, sin excepción, ejecutados en el acto sin debido proceso legal y a veces por una orden del Che que parecía dar con indiferencia. El mismo Che dejó claro su falta de piedad al escribir sobre las circunstancias.

El Che era despiadado incluso cuando el infractor era un joven soldado cuyo único crimen era vestir el uniforme enemigo. Un soldado de diecisiete años, capturado e interrogado por el Che pedía clemencia: "No he matado a nadie, comandante. ¡Acabo de llegar aquí! Soy hijo único, mi madre es viuda y me incorporé al ejército por el salario, para enviárselo a ella todos los meses…. ¡No me mate!" Dicen que el Che le replicó: "¿Por qué no?" e hizo que ataran al muchacho frente a una tumba recién cavada y lo ejecutaran. Curiosamente, Che rehusó aplicar su severa "justicia revolucionaria," como se le llamaba a la justicia del Ejército Rebelde, cuando interfirió con sus propios intereses. Por no contrariar a Fidel Castro, rechazó aplicar el castigo reglamentario al capitán Lalo Sardiñas, su subordinado, cuando éste liquidó de un tiro en la cabeza a un joven afrocubano y pobre que era miembro de la tropa, de nombre José Martí, por quitarse las botas en violación de las reglas. Sardiñas ya había cometido excesos, pero era muy leal a Che y celosamente aplicaba su disciplina.

En Santa Clara, ubicada en la central provincia de Las Villas, el Che dirigió una batalla breve y victoriosa contra el ejército de Batista inmediatamente antes de que el dictador huyera del país el 31 de diciembre de 1958. Che se quedó en la ciudad dos días y medio, pero sus órdenes de matar se cumplieron fielmente después de su partida hacia La Habana. En Santa Clara dejó un buen saldo de viudas y huérfanos.

Che y los dos hermanos Castro inmediatamente impartieron órdenes de matar para garantizar el control del nuevo orden revolucionario. Sánchez, "el coreano," reporta que ya en México en 1956, los tres sostenían que matar era necesario para impartir terror y establecer el control político. Inmediatamente después de que Batista y sus acólitos abandonaran el país, hicieron reunir a prisioneros en Santa Clara, Santiago, Pinar del Río, Manzanillo y por toda la isla para ejecutarlos sumariamente frente a periodistas, fotógrafos y cámaras de televisión. Los principales oficiales y esbirros de Batista que sí habían cometido crímenes, habían huido del país, estaban escondidos o con protección diplomática en diversas embajadas. La mayoría de los que se quedaron eran soldados rasos de las Fuerzas Armadas y la Policía. Muchos, sino la mayoría, sólo habían cumplido con el deber que les imponía su uniforme y la mayoría no vio razón o necesidad de esconderse o buscar ponerse a salvo. Algunos eran oficiales de carrera, tradición que con frecuencia pasaba de generación en generación dentro de una familia. Otros provenían de familias pobres que buscaban escapar al desempleo. Nada de esto importó, había que darles una lección fuerte y clara a los "enemigos de la Revolución."

El 3 de enero de 1959 Fidel Castro nombró a Guevara comandante de la imponente fortaleza de La Cabaña en La Habana, que era una prisión. Fue construida en el siglo XVIII cuando Cuba era colonia española. Guevara también fue nombrado Juez Supremo de los Tribunales Revolucionarios que comenzarían a funcionar allí. Venía bien preparado para la tarea de verdugo —en la Sierra Maestra se había forjado como asesino en serie. Durante el entrenamiento en México en 1956, el instructor militar Sánchez les había dado su evaluación a los hermanos Castro: Che no sólo era un alumno muy aprovechado, sino que estaba ansioso por matar.

Hasta entonces no había pena de muerte en Cuba, ya que el artículo 25 de la Constitución (de 1940) prohibía la pena de muerte excepto en casos de traición militar. Y ésta se había aplicado una sola vez a un espía alemán durante la Segunda Guerra Mundial. Pero el 10 de enero de 1959 el nuevo Consejo de Ministros Revolucionarios modificó la Constitución, ignorando las cláusulas que gobernaban la enmienda constitucional, y el 10 de febrero de 1959 promulgó una nueva Ley Fundamental. Estas maniobras esencialmente abolieron, o sustituyeron, la constitución y le otorgaron a la pena de muerte un viso de legalidad y permitieron su aplicación retroactiva.

Muy pronto, entre ochocientos y mil hombres habían ido a parar a la prisión de La Cabaña, cuya capacidad era de sólo trescientas personas. Tenían que turnarse para dormir y las condiciones eran atroces. La "Comisión de Depuración" que los sometería a juicio empezó a funcionar las veinticuatro horas. El Che nombró Juez Comisionado de los Tribunales Revolucionarios a su ayudante Orlando Borrego a pesar de tener éste sólo 21 años y ser contador sin entrenamiento legal o judicial alguno. Se estableció un procedimiento operativo: los jueces y fiscales designados se reunirían con el Che antes del juicio para revisar los casos, decidirían la estrategia a seguir en el juicio y determinarían de antemano el destino (la sentencia) de los prisioneros acusados.

En los juicios no existían reglas básicas de jurisprudencia y se tomaban las acusaciones del fiscal como pruebas irrefutables de culpabilidad. Aunque el Che era el jefe de los tribunales, no asistía a los juicios, ya que no quería malgastar su tiempo. En una entrevista filmada, José Vilasuso, joven abogado de la "Comisión Depuradora" encargado de revisar y preparar los expedientes del acusado, narra como el Che les decía: "El oficial investigador siempre tiene la razón y siempre tiene la verdad." Otros subordinados en los tribunales han reportado que los amonestaba: "No demoren las causas, esto es una revolución, no usen métodos legales burgueses, las pruebas son secundarias. Hay que proceder por convicción." También los sermoneaba: "No hace falta hacer muchas averiguaciones para fusilar. Lo que hay que saber es si es necesario fusilarlo. Nada más." Vilasuso relata que los expedientes de los acusados que revisó eran de "tenientes, capitanes, militares de baja graduación y realmente a muchos de les acusaba en términos muy genéricos, sin especificar cargos. No se les acusaba de haber torturado sino de maltratar a los presos, de cosas menores, de haber golpeado al revolucionario fulano de tal en tal lugar."

El Che presidía la Corte de Apelaciones. Tenía la última palabra sobre la pena capital y sí presidía las vistas de apelación, conocidas como "revisión de causa." Eran habitualmente muy cortas, a veces duraban sólo minutos y no se conoce que Che anulara una sola sentencia de muerte. Las vistas casi siempre terminaban con el Che enviando al condenado a su ejecución inmediata. La Cabaña pronto se convirtió en la fábrica de ejecuciones del nuevo gobierno revolucionario. Los prisioneros aguardaban su juicio escuchando el martilleo de la fabricación de los ataúdes. Casi nunca podían despedirse de sus familias, a quienes no se les entregaba el cadáver y quedaban sin poder celebrar un funeral.

Los juicios, las vistas de apelaciones y las ejecuciones generalmente se llevaban a cabo tarde en la noche, con frecuencia al amanecer, puesto que el Che creía que la gente era más sumisa por la noche.

Por todo el país se derrochó publicidad en los juicios y ejecuciones. En La Habana y otras ciudades algunos juicios se realizaron en teatros o estadios con la asistencia de multitudes sedientas de sangre. Según Sánchez, "el coreano," Fidel le había dicho en México que lo más importante era entender que las masas son ignorantes y fácilmente manipulables, aun cuando era gente educada, pues responden con las emociones y no con la cabeza. Para crear el clima deseado, se transmitían algunas ejecuciones por televisión y en los cines antes de que empezara la película. La intención de los líderes revolucionarios era enardecer a sus adeptos y sembrar en la población el miedo y la sumisión, el terror puro.

Archivo Cuba ha documentado hasta la fecha (octubre 2020) 64 fusilamientos ocurridos en La Cabaña en el corto periodo durante el cual el Che estuvo a cargo: del 4 de enero al 26 de noviembre de 1959. No todos se han podido documentar con fuentes primarias o fuentes secundarias sólidas. 13 se reportan en fechas en las que Che estaba de viaje fuera de Cuba del 4 de junio al 8 de septiembre de 1959. Sin embargo, es muy posible que algunas de las fechas estén erradas y/o que algunos de los casos reportados sean de víctimas de otras circunstancias. El ex capellán de La Cabaña, el padre católico Javier Arzuaga, siempre afirmó que entre enero y junio de 1959 hubo 55 fusilados en La Cabaña y que a todas las víctimas las acompañó al paredón.

Después de que Che fue a ocupar el cargo de presidente del Banco Nacional de Cuba a partir de noviembre 27, 1959, un testigo relata haber estado presente en una reunión del banco que fue interrumpida para enseñarle al Che la lista de ejecuciones que se iban a llevar a cabo al día siguiente, la cual éste firmó. Como no se ha podido establecer cuán directamente estuvo Che involucrado en los fusilamientos de La Cabaña y por toda Cuba a partir de entonces, para los fines del proyecto de documentación de Archivo Cuba, no se le atribuyen fusilamientos a Che a partir del 26 de noviembre de 1959. Lo que sí está claro es que Che ocupó posiciones claves en el gobierno revolucionario hasta fines de 1965 (cuando salió de Cuba para el Congo y luego Bolivia) y compartió la responsabilidad por lo que sucedía en Cuba, incluyendo los fusilamientos en toda la isla. A la fecha (octubre 2020), Archivo Cuba ha documentado 403 fusilamientos entre diciembre 1959 y fines de 1965 ocurridos sólo en La Cabaña.

Diversas fuentes reportan números muy divergentes de fusilamientos en La Cabaña en el 1959. Algunos estimados por parte de historiadores, biógrafos y la embajada de Estados Unidos en Cuba citan entre 200 y 700. Un abogado que trabajó en La Cabaña bajo las órdenes del Che afirmó que al menos se habían llevado a cabo 600 fusilamientos hasta finales de junio de 1959. Tal vez se refería a las ejecuciones en toda Cuba, ya que no queda claro. Archivo Cuba ha documentado, a la fecha, 815 fusilamientos en Cuba en 1959.

La información anterior no puede investigarse debidamente, ya que los registros oficiales de Cuba no son públicos y no es posible hacer trabajo de campo dentro de Cuba. Archivo Cuba ha documentado los casos con testimonios de familiares y testigos, informes publicados en los medios de difusión, listas sacadas a escondidas de Cuba y otras fuentes secundarias que registran nombres y circunstancias de muerte durante los primeros tiempos de la Revolución. Aunque no existe un conteo preciso, el hecho de que hubo muchos fusilamientos en todo el país —muy prominente y deliberadamente— es indiscutible.

Archivo Cuba ha documentado hasta la fecha 957 ejecuciones en los dos primeros años del régimen revolucionario, 1959 y 1960. Si se hubiera pasado por el paredón a cada uno de los secuaces de Batista, la magnitud de la carnicería no corresponde con el número de víctimas documentadas de la dictadura batistiana. Para empezar, la mayoría de los asesinatos y torturas los cometió el mismo grupo de personas —el notorio grupo paramilitar de los Tigres de Masferrer y unos pocos conocidos y temidos miembros del ejército y la policía. Gracias a la investigación inicial del difunto Dr. Armando Lago y a una meticulosa investigación de Archivo Cuba, se han documentado 936 asesinatos extrajudiciales —muertes no en combate— atribuidas al régimen de Batista entre 1952 y 1958 y 2 desapariciones forzadas. Aparte de los reportes exagerados y poco fidedignos aparecidos en los medios cubanos en los primeros días de 1959 que hablaban de veinte mil muertos por Batista, los medios oficiales y académicos de Cuba han mantenido silencio sobre el tema. El gobierno cubano nunca ha publicado una lista definitiva probablemente porque demostraría que la proporción víctima-verdugo no tendría sentido, especialmente cuando se conoce que los verdugos de Batista que cometían los asesinatos eran unos pocos.

La intención de los nuevos líderes revolucionarios de Cuba era clara. Carlos Franqui, editor del periódico oficial *Revolución*, ha reportado que Che, en un discurso del 18 de mayo de 1962 en las oficinas de la Seguridad del Estado en La Habana, sostuvo: "Es lógico que en épocas de tensión excesiva no podamos proceder con debilidad. Hemos encarcelado a mucha gente sin saber con seguridad si eran culpables. En la Sierra Maestra, fusilamos a mucha gente sin saber si eran totalmente culpables. A veces, la Revolución no puede detenerse a conducir una investigación; tiene la obligación de triunfar."

El Che también habló francamente a la comunidad internacional sobre el tema de los fusilamientos. En las Naciones Unidas en Nueva York, donde dio un discurso el 11 de diciembre de 1964, respondió a las insistentes preguntas sobre las ejecuciones con su famosa declaración: "Fusilamientos, sí, hemos fusilado, fusilamos y seguiremos fusilando mientras sea necesario." Lo que no es tan legendario, pero resulta estremecedor, es que durante la

Crisis de los Misiles en octubre de 1962 el Che estuvo a favor de desencadenar la guerra nuclear para "construir un mundo mejor" –supuestamente de las cenizas. Pocas semanas después de la crisis, furioso por la traición soviética de haber retirado los misiles, el Che le dijo a un periodista británico que, si los misiles hubieran estado bajo control cubano, ellos (los líderes cubanos) los hubieran lanzado. Es decir, estaba dispuesto a pagar con millones de vidas —estadounidenses y cubanas— para lograr su objetivo mayor.

Es probable que nunca se conozca el número de víctimas del Che. Mucha gente murió en las revueltas guerrilleras que dirigió en el Congo y en Bolivia y una infinidad murió en revueltas y acciones violentas que, en vida, planeó y facilitó en América Latina y que luego se extendieron como un cáncer. El sistema totalitario que ayudó a diseñar y a imponer en Cuba ha costado miles de vidas en las últimas seis décadas. Finalmente, aunque no por su mano, pero sí con su aprobación, el modelo comunista al que era devoto ha dejado una cuota de muerte en el siglo XX calculada en cien millones –en la Unión Soviética, Europa del Este y demás.

Dilucidar qué fue lo que condujo al Che a sus creencias y acciones sigue siendo un tema abierto a discusión. Parece haberse sentido genuinamente inspirado a aliviar la pobreza y las injusticias sociales. Pero, aun así, su compasión fue muy selectiva; resultaba nula hacia cualquiera que interfiriera con sus planes. Su visión del mundo estaba deliberadamente anclada en el odio hacia los que no se acomodaran a sus concepciones dogmáticas. El sacerdote católico que era párroco de La Cabaña, un joven español llamado Javier Arzuaga, sostuvo muchas conversaciones con el Che y asistió a muchas de las vistas de apelaciones que presidió. Recuerda que el Che a menudo explicaba: "La revolución no puede hacerse sin matar, y para matar, lo mejor es odiar."

En eso fue consistente. Ocho años más tarde, ese odio seguía inspirando su visión de la Revolución comunista. En

Mensaje del Che a la Tricontinental

"Al enfocar la destrucción del imperialismo, hay que identificar a su cabeza, la que no es otra que los Estados Unidos de Norteamérica. Hay que llevar la guerra hasta donde el enemigo la lleve: a su casa, a sus lugares de diversión; hacerla total. Hay que impedirle tener un minuto de tranquilidad, un minuto de sosiego fuera de sus cuarteles, y aún dentro de los mismos: atacarlo donde quiera que se encuentre; hacerlo sentir una fiera acosada por cada lugar que transite. (…) Eso significa una guerra larga. Y lo repetimos una vez más, una guerra cruel. (…) Toda nuestra acción es un grito de guerra contra el imperialismo y un clamor por la unidad de los pueblos contra el gran enemigo del género humano: los Estados Unidos de Norteamérica."

—Mensaje del Che "desde algún lugar del mundo" a la Tricontinental (Conferencia de la Organización de Solidaridad de los Pueblos de África, Asia y América Latina) hecho público en La Habana por la agencia *Prensa Latina* el 16 de abril de 1967.

abril de 1967 escribió a la conferencia de la Tricontinental, un foro anti imperialista que se había reunido por primera vez en La Habana en 1966: "El odio como factor de lucha; el odio intransigente al enemigo, que impulsa más allá de las limitaciones del ser humano y lo convierte en una efectiva, violenta, selectiva y fría máquina de matar. Nuestros soldados tienen que ser así; un pueblo sin odio no puede triunfar sobre un enemigo brutal."

A partir de sus convicciones, Che se dispuso a imponer el odio a cualquier costo y con consecuencias aterradoras. Es trágico que, a pesar de eso, se convirtiera en una celebridad tan glorificada. Aparte de pisotear el derecho a la vida, el Che abogó por eliminar y reprimir muchos derechos fundamentales más. En 1959 le dijo al periodista cubano de izquierda, José Pardo Llada: "Hay que acabar con todos los periódicos, pues no se puede hacer una revolución con libertad de prensa. Los periódicos son instrumentos de la oligarquía." Su propuesta intransigente exigía la subyugación de la población cubana. Torturar y silenciar a opositores y disidentes constituía, para él, un elemento clave del éxito. En 1961 estableció el primer campo de trabajo en Guanahacabibes, en el occidente de Cuba, para "reeducar" a los trabajadores del Ministerio de Industria, que Che presidía, por incumplimiento de normas. Este modelo desencadenó en el posterior establecimiento de campos de trabajo forzado conocidos por su acrónimo UMAP (Unidades Militares de Ayuda a la Producción), donde se confinaba a los que habían cometido "delitos contra la moral revolucionaria" por beber, no trabajar, poner música alta, ser homosexuales, practicar una religión o faltar el respeto a las autoridades. Se recluyó a sacerdotes católicos, testigos de Jehová, practicantes de religiones afrocubanas secretas y a muchas otras personas consideradas "desafectas" y "contrarrevolucionarias."

El ideal comunista del Che, el "Hombre Nuevo," estaba destinado a emerger de la erradicación de las libertades individuales, así como de la concentración en manos del aparato estatal comunista del poder y los recursos. Como presidente del Banco Nacional de Cuba, el Che supervisó la centralización de todas las actividades económicas y, como director del Instituto Nacional de la Reforma Agraria, confiscó la mayor parte de la tierra de sus propietarios. El 26 de junio de 1961 declaró en la televisión cubana: "Los trabajadores cubanos tienen que irse acostumbrando a vivir en un régimen de colectivismo y de ninguna manera pueden ir a la huelga."

Junto a los hermanos Castro, en Cuba Che fue pionero del destierro de la libertad de prensa, del trabajo independiente, de la libre empresa, de prácticamente toda la propiedad privada y de todas las organizaciones políticas con la excepción del Partido Comunista. Este era el modelo que quería replicar en el extranjero, dirigiendo y promoviendo guerrillas rurales y exportando la violencia subversiva.

Los que idolatran al Che ni siquiera pueden decir que fue un visionario de un mundo mejor construido por su inspiración. De hecho, la debacle que dejó a su paso perdura —ha dejado a Cuba en ruinas y al pueblo empobrecido. De poseer los más altos índices socioeconómicos de América Latina en 1958, Cuba ha ido declinando hasta convertirse en uno de los países más pobres del mundo. Hoy en día, el producto interno bruto (PIB) per cápita es apenas un poco más que el de Haití en el mejor de los casos, tal vez sólo porque la metodología cubana para calcular el PIB difiere del estándar. Una típica camiseta del Che cuesta alrededor de la mitad del salario mensual promedio de los trabajadores cubanos, que es de aproximadamente $40.00 dólares. Irónicamente, las camisetas del Che se venden en Cuba más que nada a turistas extranjeros de países capitalistas que poseen moneda dura o a ciudadanos cubanos con acceso a remesas de moneda dura por parte de parientes exilados — los "gusanos," que es la etiqueta que los militantes revolucionarios le endilgaron a los que huyen o disienten. La ropa y los alimentos han estado estrictamente racionados para los ciudadanos cubanos desde que el Che ayudó a imponer el racionamiento el 12 de marzo de 1962 (por la Ley No.1015).

La revolución del Che, pagada con la sangre de sus innumerables víctimas, nunca ha representado más que un proyecto ingenuo impuesto por una dinastía política, inicialmente por medio del engaño y la manipulación de las masas y luego mediante el terror y la represión. Su sustento económico sólo es posible por medio de la esclavitud de su pueblo; hoy, la mayor fuente de ingresos de Cuba es por exportación de servicios de sus trabajadores temporales en condiciones de esclavitud moderna. Su economía parásita también ha requerido de enormes ayudas de sus serviciales aliados políticos y financiamientos de los ingenuos acreedores capitalistas que casi nunca reciben sus repagos.

La distorsión del legado del Che no ha sido por obra de él. En la Sierra Maestra, gracias a su diario, sabemos que escondió sus creencias comunistas y verdaderas intenciones para que el movimiento rebelde aparentara moderación, con el fin de no poner en peligro sus posibilidades de vencer. Más de un año después de llegar al poder, el 28 de abril de 1960, se presentó en la televisión cubana para negar que el gobierno estuviera involucrado en una operación guerrillera en Nicaragua y declaró que no era comunista. Pero en cuanto Fidel Castro confesó en abril de 1961 su plan marxista-leninista para Cuba y forjó una alianza abierta con la Unión Soviética, el Che proclamó enérgicamente que él era un partidario declarado y ferviente del totalitarismo comunista. Dedicó sus viajes a difundir ese mensaje y a crear alianzas económicas y estratégicas que lo fortalecieran. Si hubiera quedado duda acerca del objetivo del Che, su mensaje de 1967 en la Conferencia de la Tricontinental, poco antes de su muerte, aboga apasionadamente por la destrucción de los Estados Unidos.

Ion Mihai Pacepa, quien desertó a Occidente en 1978 siendo el jefe de los servicios de inteligencia de Rumania *Securitate*, ha escrito que el servicio de inteligencia y la maquinaria de propaganda de Cuba prepararon la campaña en torno al Che Guevara para darle una fachada revolucionaria romántica al comunismo cubano. Afirma que los hermanos Castro decidieron que el Che podía ser representado como un mártir del imperialismo estadounidense por haber sido ejecutado en Bolivia en 1968. Según Pacepa, la KGB inmediatamente apoyó la idea y se ordenó a los servicios de inteligencia de los satélites soviéticos, incluido el de Rumania, que echaran una mano a la "Operación Che." Pacepa explica que la icónica imagen del Che Guevara tomada por el fotógrafo cubano Korda (Alberto Díaz Gutiérrez) fue presentada al mundo por un operativo encubierto de la KGB, el escritor I. Lavresky, en un libro titulado *Ernesto Che Guevara*, editado por la KGB (Moscú: Progress Publishers, 1976). Luego, la KGB difundió la fotografía de Korda por toda Sudamérica y usó al comunista italiano Giangiacomo Feltrenelli, un editor millonario involucrado con la KGB, para inundar el mundo con la foto en carteles y camisetas.

En la era del consumo en masa y de los medios de comunicación, el Che pareciera ser genial ("cool") y, más que nada, mercancía capitalista inofensiva. Pero, en la era de los hombres-bombas que no dudan en explotar civiles con tal de lograr sus objetivos fanáticos, es imperativo dejar claro quién era realmente el Che. La generación de 1968, que iba contra el orden establecido y fue terreno fértil para crear el mito del Che, ya pasó. En ese entonces, su llamado por gestar muchos más Vietnam puede haber parecido romántico; era, ciertamente, menos amenazador, ya que convenientemente sugería un conflicto en la distancia. Hoy en día, el hecho de que el Che quisiera eliminar a Estados Unidos debiera al menos saberse y ojalá llamar a la reflexión. A sus víctimas les debemos, por lo menos, la memoria.

Las víctimas del Che

Mientras que el Che —o a su famosa imagen en una camiseta— es reconocido mundialmente, sus víctimas son prácticamente desconocidas. Por regla general, los mataron en la flor de sus vidas y dejaron muchos huérfanos. El dolor que causó el Che vive en los corazones de los que han cargado anónimamente con un silencio traumatizado — hijos que perdieron a sus padres, madres que perdieron a sus hijos, esposas que perdieron al compañero de su vida y tuvieron que luchar solas por su familia…

Curiosamente, los mejores biógrafos del Che le han dedicado cientos de páginas a la más pequeña minucia de su vida, pero atención casi nula a sus víctimas. En su biografía del Che de 410 páginas (tapa dura), Jorge Castañeda dedica exactamente seis líneas a las ejecuciones en la Sierra Maestra y once líneas a los fusilamientos en La Cabaña, sin mencionar nombre alguno de los fusilados. Con respecto a los detalles, esto es lo mejor que nos ofrece Castañeda: "Por muy justificadas que pudieran haber parecido estas ejecuciones en la época, fueron llevadas a cabo sin respeto por el debido proceso legal. Los estimados acerca de su número exacto varían…"[5]

Jon Lee Anderson es mucho más generoso con las ejecuciones en la Sierra Maestra, ya que cita bastante el diario del Che. Menciona más de veinte casos y muchos con detalles esclarecedores. Pero mientras su biografía de 768 páginas dedica 27 a la infancia y la adolescencia del Che y otras 8 a su primer amor, sólo 4 páginas de todo el libro tratan sobre los tribunales revolucionarios y los fusilamientos en La Cabaña. Cuatro líneas adicionales dispersas por todo el volumen hacen ligera referencia a los fusilamientos. Hay que decir que Anderson sí escribe que el Che "como fiscal supremo, cumplió la tarea con singular determinación y los viejos muros de la fortaleza resonaban cada noche con las descargas de los pelotones de fusilamiento."[6] Además, expone la carencia de garantías procesales. Aun así, expresa la idea, o por lo menos nunca la cuestiona, de que los ejecutados eran criminales de guerra, torturadores y esbirros de la dictadura de Batista. Y no hace referencia alguna a los seres humanos asesinados en La Cabaña o a sus familiares o a cómo esta pérdida los afectó; tampoco menciona intento alguno de parte suya, como autor, de examinar o investigar un solo caso.

Anderson sólo menciona por su nombre a dos de los fusilamientos de 1959. Uno de ellos es el coronel Sosa Blanco, quien, en palabras de Anderson, había sido acusado de "múltiples actos de asesinato y tortura." De hecho, Fidel Castro había prometido públicamente que Sosa Blanco pagaría con su vida por el bombardeo indiscriminado de civiles en la Sierra Maestra. El juicio de Sosa Blanco, junto

---

[5] Jorge G. Castañeda, *Compañero, The Life and Death of Che Guevara* (New York: Alfred A. Knopf, 1997), p. 147.

[6] J. L. Anderson, op. cit. (Traducción del inglés.)

con el de otros dos, se celebró en la Ciudad Deportiva, un estadio de La Habana, y se transmitió por la televisión nacional. Pero los guajiros (campesinos) que trajeron de las montañas para testificar en su contra se mostraron tan inconsistentes en su testimonio y el juicio fue una farsa tan obvia y patética que Fidel Castro lo canceló a medio camino. Sosa Blanco declaró que las acusaciones eran ridículas, ya que él había estado a cargo en otra zona, sólo había estado unos pocos días en la Sierra Maestra y nunca había ordenado ataques contra civiles. Insistió en que existía evidencia a su favor en los archivos militares. Aun así, fue enviado a La Cabaña del Che, enjuiciado sin dilación y fusilado inmediatamente. El asunto fue un escándalo nacional bien reportado por los aún existentes medios de difusión cubanos, ha sido recordado en muchos relatos escritos y fue presenciado por mucha gente que hoy vive en el exilio y que pueden hablar sin miedo a represalia. Pareciera que Anderson no hizo el menor esfuerzo por examinar los pormenores de este sonado caso.

El otro caso que menciona Anderson en su biografía del Che es el de los dos hermanos Necolardes, ejecutados en la ciudad de Manzanillo, pero no por el Che. De hecho, dos de los tres hermanos, cuyo apellido aparece mal escrito en el libro, fueron parte del tristemente célebre grupo paramilitar Los Tigres de Masferrer, que cometió buena parte de las torturas y los sangrientos asesinatos durante el gobierno de Batista. Eran primos de su jefe, Rolando Masferrer, que había huido con el dictador. Lo que Anderson no menciona es que un tercer hermano, que era maestro de secundaria y no estaba involucrado en actividades política o paramilitares, también fue llevado frente al pelotón de fusilamiento, tan solo compartir el nombre —había que hacer cumplir la "justicia revolucionaria."[7]

---

[7] Alfredo, Fello, Necolardes Rojas era profesor de Educación Física en la Escuela Preparatoria Manzanillo. Sus hermanos Elizardo y Victor

En efecto, la ropa, el aspecto, los intereses arqueológicos, el asma, la sexualidad y la correspondencia del Che con su familia han provocado más interés que las vidas que robó y el rastro de dolor que dejó en sus angustiados seres queridos.

---

eran miembros activos del grupo paramilitar Los Tigres de Masferrer, que torturó y asesinó bajo Batista y primos de su líder, Rolando Masferrer. Fello no participó en actividades políticas, pero fue igualmente fusilado con sus dos hermanos. (Testimonio de Jorge Utset, estudiante de la escuela preparatoria, 2011.)

Perfiles de algunas víctimas del Che Guevara

Todas las fuentes utilizadas para sustanciar cada caso a continuación aparecen en su respectivo archivo en la base de datos disponible en ArchivoCuba.org.

Eutimio Guerra, de 39 años: ejecutado el 17 de febrero de 1958

Parece que Guerra, un campesino que se había unido al Ejército Rebelde y servía de guía, se había convertido en colaborador (informante) del ejército de Batista. El diario de Guevara publicado con su autorización discute la traición y ejecución de Guerra, pero no dice que fue él mismo quien le disparó. Sin embargo, el diario privado y sin censura que la viuda del Che proporcionó al biógrafo Jon Lee Anderson si contiene los macabros detalles. Guevara escribió que le había disparado a Guerra con una pistola calibre 32 en el lado derecho de la cabeza para resolver un "incómodo problema" porque nadie quería hacerlo. Testigos de los hechos reportan que el Che tomó el reloj y otras posesiones de Guerra y declaró "ahora son míos." El comandante del Ejército Rebelde Jaime Costa presenció el breve juicio sumario de Guerra y confirma que incluso el jefe del tribunal, Ramiro Valdés, no quería ejecutar a Guerra por falta de pruebas. Cuando el Che le disparó a Guerra, Costa le escuchó decir por primera vez una frase que llegaría a acuñar: "Ante la duda, mátalo."

Domingo Álvarez Martínez, de 39 años: ejecutado por pelotón de fusilamiento en Santa Clara el 4 de enero de 1959

Álvarez era miembro del Servicio de Inteligencia Militar (SIM) de las Fuerzas Armadas de Cuba. El Che firmó su sentencia de muerte por supuestos crímenes de guerra antes de marcharse de Santa Clara para La Habana. Fue fusilado sin habérsele celebrado juicio y en presencia de su hijo de 17 años. Dejó una esposa y dos hijos de 17 y 21 años.

Dos soldados de nombre desconocido que eran parte de la tropa de 28 que comandaba el Che en Camagüey durante la marcha hacia Occidente

Según el ex comandante rebelde Evelio Duque Miyar: "uno de los hombres que acompañaban desde Oriente a Ernesto Guevara sacó un cigarrillo de la cajetilla de uno de sus compañeros y se lo fumó. El perjudicado puso la queja ante Guevara y éste ordenó inmediatamente al Capitán Acevedo que lo fusilara, orden que fue cumplida en el acto. Después hizo fusilar a otro de los que lo acompañaba porque el ayudante del cocinero se quejó que el pobre infeliz se sirvió un plato de comida antes que lo hiciera Ernesto Guevara.

Miguel Ares Polo, de 27 años: fusilado en La Cabaña el 6 de febrero de 1959

"Miguelito" había sido policía sólo dos o tres meses antes del triunfo de la Revolución. Su familia insiste en que no tenía lazos políticos y no había cometido atrocidades. A pesar de que no pertenecía a grupos políticos, había ayudado a amigos en la resistencia contra Batista que vendían bonos para apoyar al Ejército Rebelde y había asistido a un amigo cercano a esconder armas. Fue éste quien lo entregó al gobierno revolucionario. El 8 de enero fue detenido y llevado a la prisión de la fortaleza de La Cabaña. Cuando llegó, los hombres encargados de procesarlo ni siquiera sabían escribir y se sentó frente a la máquina de escribir y llenó su propia acta.

Miguel fue sentenciado a muerte acusado de cargos que, el insistía, eran inventados; ni siquiera había visto a los testigos. A una de sus hermanas se le permitió asistir a la apelación, presidida por Che Guevara, de madrugada. Cuando se confirmó la sentencia, ella tomó al Che por los hombros, lo sacudió y le dijo: "Mi hermano es inocente y no es ningún traidor. Ustedes, los comunistas, son los traidores." Los ojos del Che se agrandaron y su guardaespaldas le puso a la muchacha el rifle sobre el hombro para obligarla a retroceder. Miguel fue conducido inmediatamente al lugar de fusilamiento. No quiso cubrirse los ojos.

El Padre Arzuaga, capellán de La Cabaña, estuvo con Miguel hasta el final. Se habían hecho amigos, ya que Miguel había asistido a escuela católica y ayudaba al padre a administrar la comunión a los prisioneros. Miguel había perdonado a sus acusadores. Antes de morir, había pasado bajo la puerta de su celda un librito sobre la vida de Cristo para que lo hicieran llegar a su hermana. En las primeras páginas había escrito que perdonaba a aquellos que lo habían acusado falsamente, que rezaba por el amigo que lo había traicionado y pedía piedad para su fiscal. También escribió: "El cobarde muere todos los días, el valiente sólo muere una vez."

La mañana de la apelación, el 5 de febrero, una de las hermanas de Miguel fue a La Cabaña y se paró junto a la entrada por la que iban y venían los soldados rebeldes. Estuvo ahí largo rato y hacía frío. Un soldado se le acercó, le ofreció una manta y le preguntó si había algún miembro de su familia allí. Cuando ella le contó sobre su hermano, el soldado le dijo que a él lo habían escogido como parte del pelotón que lo iba a fusilar, pero que había rehusado porque no quería dispararle a una persona inocente y desarmada.

Después de la ejecución, una de las hermanas de Miguel fue a un periódico de La Habana a denunciar la injusticia. Le dijeron que, aunque Miguel fuera inocente, "la Revolución no podía ser atacada."

En octubre de 1961, la familia de Miguel se estaba preparando para marcharse de Cuba al exilio cuando su hermana oyó un ruido de vidrios rompiéndose. Una imagen del Sagrado Corazón se había estrellado repentinamente contra el suelo; Miguel la había traído de la escuela cuando era niño y su madre la había enmarcado y colgado de la pared. El vidrio se había hecho pedazos. Ella enrolló la imagen y decidió llevársela, escondiéndola bajo las ropas que llevaba en su maleta. El gobierno permitía que los que se iban sólo se llevaran cosas esenciales, por lo que temía que se la confiscaran. Pero cuando le registraron la bolsa en el aeropuerto, pasaron por alto la imagen. El Sagrado Corazón cuelga de la pared de su casa en Miami.

Justo Jesús Carreras Zayas, de 27 años: fusilado en La Cabaña el 11 de marzo de 1961
Era miembro de las Fuerzas Armadas revolucionarias y ex comandante del Segundo Frente del Escambray del Ejército Rebelde contra Batista. Fue traicionado por un informante de la policía y acusado junto con William Morgan de conspiración para suministrar armas a los rebeldes anticastristas.

El fiscal de su juicio fue Fernando Flores Ibarra, conocido como "Charco de Sangre" por lograr que siempre se aplicara la pena de muerte a los acusados. El gobierno llevó a escolares, "pioneros" comunistas, a presenciar el fusilamiento; cuando el cuerpo de Carreras cayó, aplaudieron y gritaron "muerte al gusano."

Dejó una joven esposa (de sólo 20 años) y una hijita de 6 meses de edad. Su viuda recuperó su cadáver y el de William Morgan, que había sido fusilado el mismo día, y pudo enterrarlos en el Cementerio Colón de La Habana. El certificado de defunción indicaba "hemorragia interna" como causa de la muerte.

Che le guardaba rencor porque Carreras estaba firmemente opuesto a los ideales comunistas de Guevara y tuvo varios argumentos fuertes con Guevara durante la lucha contra Batista y después de llegar la Revolución al poder. Se dice que ordenó su muerte y asistió a su fusilamiento.

José Castaño Quevedo, de 44 años: fusilado en La Cabaña el 7 de marzo de 1959

Castaño era Primer Teniente y había forjado una carrera en el ejército, tal como su padre, y era un renombrado experto internacional en criminología y comunismo que hablaba varios idiomas. Había ascendido de Director Asistente de la Inteligencia Militar (SIM - Servicio de

Inteligencia Militar) a Jefe de Operaciones del Buró de Represión de Actividades Comunistas (BRAC), que velaba las actividades de los comunistas en Cuba, así como en Centro y Sur América. Castaño estaba a cargo de investigaciones, pero el BRAC se había convertido en una agencia temible durante el régimen de Batista. A medida que la guerra revolucionaria se intensificó, se dice que sus agentes torturaron o asesinaron a miembros de la resistencia (Archivo Cuba tiene informes de dos asesinatos de miembros del Partido Socialista (Comunista) de Cuba atribuidos por ECURED, sitio oficial del régimen cubano, al BRAC, pero sin detalle de las fuentes o de los victimarios.)

Después de que Batista huyó de Cuba, Castaño se presentó ante la Junta Militar a la cual habían pasado autoridad sobre las Fuerzas Armadas. Se le dijo que no había ningún problema con él y se le envió a casa. Pero pronto después fue arrestado y enviado a La Cabaña. Allí, un tribunal revolucionario lo sentenció a muerte tras un juicio sumario. Su esposa e hija, únicos miembros de su familia a los que se permitió asistir al juicio, junto con otras personas que estaban presentes, sostienen que no se presentó evidencia alguna de los crímenes específicos que se le atribuyeron. Sin embargo, fue acusado de "asesinato, abusos, tortura, violación y robo." La familia reporta que siete u ocho miembros del Movimiento 26 de Julio, liderado por Fidel Castro contra Batista, trataron de ofrecer testimonio de cómo Castaño los había ayudado, pero fueron rechazados. Los presentes vieron cómo se instruía a mentir a los testigos que presentaban las acusaciones inventadas.

En su juicio, Castaño planteó: "No serví a la dictadura de Batista; sólo trabajé contra la infiltración soviética en mi país." La noticia de su sentencia a muerte provocó airadas protestas públicas y de figuras influyentes de la Iglesia Católica, la embajada de Estados Unidos y otros. Pero, después de un breve juicio de apelación, el Che Guevara dio orden de ejecutarlo enseguida. Había rechazado una oferta del gobierno de Estados Unidos de intercambiarlo por tres altos oficiales de Batista que habían huido y eran muy conocidos por sus crímenes.

Philip Agee, un antiguo agente de la CIA que se retiró en Cuba, contó que Castaño había sido el enlace del BRAC con la estación de la CIA en la embajada de EE.UU. El Jefe de Estación de la CIA, al enterarse de la sentencia de muerte de Castaño, envió a un periodista que colaboraba con ellos y que había entrevistado al Che en la Sierra Maestra a ver al Che y a rogarle por la vida de Castaño. El Che le dijo que le dijera al jefe de la CIA que Castaño iba a morir, no bien porque fuera un asesino de Batista, sino por ser agente de la CIA. Agee cuenta que al oír esto, el Jefe de Estación de la CIA, exclamó: "Esto es una declaración de guerra."

Mientras el pelotón de fusilamiento esperaba, el jefe de los tribunales de La Cabaña, Duque Estrada, le pidió al capellán de La Cabaña, Javier Arzuaga, que lo acompañara a ver a Fidel Castro para pedirle celebrar el juicio nuevamente por falta de evidencia. Fidel estaba dando un discurso e hizo una señal de que estaba de acuerdo. Le dijeron a Castaño que no se preocupara, que no sería fusilado esa noche. Cuando Fidel terminó su largo discurso a medianoche y llamó a Duque Estrada para saber más detalles. Le preguntó qué pensaba el Che sobre el asunto y al saber que el Che quería matar a Castaño, ordenó que la ejecución se llevara a cabo. Castaño fue sacado de su celda inmediatamente y fusilado a eso de las 3:00 de la madrugada.

Castaño dejó una esposa, una hija de 16 años y dos hijos de 18 y 19 años. Se dice que el Che se apoderó de todos los archivos del BRAC y se rumoró que los había mandado quemar.

Javier Arzuaga, el capellán de La Cabaña, quedó convencido de que Castaño era un hombre honorable, que cumplía con su deber y que era inocente de los crímenes que se le imputaron. Arzuaga se había familiarizado con su caso, había asistido al juicio y a la apelación y había sostenido largas conversaciones con Castaño. Además, estuvo con él en el momento de su fusilamiento. Cree que el Che Guevara y el Partido Comunista querían deshacerse de Castaño a toda costa.

Raúl Clausell Gato, de 33 años: fusilamiento en La Cabaña el 15 de marzo de 1959
Clausell era Sargento de la Policía Nacional antes del golpe de estado de Batista. Venía de una estirpe familiar de policías y Su hermano y varios primos también eran policías. En febrero 1959, semanas después del triunfo de la Revolución, fue arrestado y llevado a La Cabaña.

Su hermana y su ex esposa asistieron al juicio y a la apelación. Vieron cómo llevaban a un grupo de personas a una habitación y les daban instrucciones sobre qué tenían que testificar. Cuando el testigo designado fue llevado al estrado y se le preguntó: "¿Quién es Clausell?" señaló a otra persona. Aun así, fue sentenciado a muerte. La apelación tuvo lugar al día siguiente y enseguida que terminó, lo fusilaron.

Raúl estaba divorciado y tenía un hijo de nueve años. La familia quedó devastada por la injusta muerte de Raúl y su pequeño hijo muy traumatizado. En palabras de su hija, la vida de sus padres fue "destrozada." Una de sus hermanas relata: "Siempre he pensado que mis lágrimas no importaban, porque yo era joven y capaz de sobreponerme al horror. Pero no puedo olvidar las lágrimas de mis padres. … Podría contar tantas cosas que soportamos que sería casi interminable el relato."

Afortunadamente, la familia Clausell tuvo un respiro. El hermano de Raúl, también policía, estaba en la prisión de El Morro y el fiscal pedía la pena de muerte. Pero su juicio se demoró y fue trasladado a la prisión de Boniato en Santiago. Increíblemente, fue procesado en una corte civil, que lo absolvió. Lo liberaron luego de servir un año y medio en prisión.

Dos de sus primos, que eran policías, también fueron fusilados:

Ángel María Clausell García, de 35 años fue fusilado en La Cabaña el 29 de abril de 1959. El Sargento de la Policía Nacional fue sentenciado a 30 años de prisión por cargos que su familia afirma que eran falsos. La noche antes de su programada transferencia a la prisión de Isla de Pinos, fue sacado de su celda y fusilado sin explicación.

Demetrio Clausell González, de 21 años, fue fusilado en La Cabaña el 1ro de febrero de 1959. El guardia de la Policía Nacional fue acusado de matar de un disparo a un miembro del Movimiento 26 de Julio.

Fidel Díaz Merquías, de alrededor de 50 años: fusilado en La Cabaña el 9 de abril de 1959
Díaz era un miembro de carrera del ejército y trabajaba de asistente en el Servicio de Inteligencia Militar (SIM) en el área de Bauta, provincia de La

Habana. Otros miembros de su familia también estaban en el ejército, incluyendo a un hermano que se había retirado mucho antes de que la Revolución llegara al poder.

Díaz no se había escondido ni había intentado abandonar el país, le dijo a su familia que se sentía seguro, pues no había cometido crímenes. Pero fue arrestado y acusado de asesinar a un miembro de la resistencia cuyo cuerpo se encontró cerca de Mariel, lugar de donde era su familia. Cuando se le tomó prisionero en Mariel, estaba seguro de que lo iban a liberar cuando la investigación revelara que era inocente. Sin embargo, lo enviaron a La Cabaña, donde lo sentenciaron a 25 años de prisión. Su hermana menor lo visitaba y siempre regresaba a casa traumatizada de haber recibido insultos y acosos por parte de los guardias.

Un día la familia recibió la inesperada noticia de que Díaz había sido ejecutado. Dejó una viuda con un hijo más cinco otros hijos de otras madres. Uno de sus hermanos, Cosme, que también había pertenecido al ejército, había sido arrestado en su posta en Camagüey. Más tarde fue enviado a la prisión de Isla de Pinos, donde estuvo tres años sin que le celebraran juicio. Fue liberado cuando al fin se revisó su caso.

Un sobrino de Díaz tenía diez años cuando ocurrieron estos acontecimientos. Había visto uno de los juicios televisados de antiguos miembros del ejército de Batista y quedó impresionado por las atrocidades que se les imputaban. Él y su tío eran muy unidos, por lo que, cuando su tío fue arrestado, se dio cuenta de que lo habían engañado; era imposible que un hombre tan bueno hubiera cometido tales crímenes. Hasta el día de hoy, después de tantos años, él y su familia han vivido con el dolor de esa pérdida.

Rafael García Muñiz, de 23 años: fusilado en La Cabaña el 18 de marzo de 1959

García Muñiz había sido policía de la división de radio patrullas por solo seis meses cuando llegó el gobierno revolucionario al poder el 1ro de enero de 1959. Estaba recién casado. Como no había cometido crimen alguno, el nuevo gobierno le había ofrecido permanecer en su puesto. Sin embargo, pasados pocos días y aconsejado por compañeros de trabajo, pidió la baja para no "trabajar con comunistas." Al día siguiente, lo arrestaron y enviaron a la prisión de La Cabaña. Lo acusaron, junto con dos compañeros, de asesinar a tres miembros del Movimiento 26 de Julio, de la resistencia contra Batista, que habían robado un alijo de armas de una armería. Como eran acusaciones falsas, sin evidencia, en el juicio y la apelación no se permitió que dos testigos que probarían su inocencia pudieran testificar.

Con Rafael sentenciado a muerte, su hermano Sergio fue a ver a Guevara a La Cabaña acompañado por un amigo y antiguo miembro del Ejército Rebelde que conocía al Che. Le explicaron que Rafael era inocente y que matarlo sería un error de la Revolución. Guevara respondió que no perdonarían a nadie y que debía morir "por haber usado el uniforme azul de Batista" (el tradicional uniforme de la policía de la República de Cuba). La breve apelación terminó a las 11PM, con la sentencia ratificada, y Rafael y su compañero Elpidio Mederos Guerra fueron fusilados esa misma madrugada. A la familia no se le permitió verlo antes de morir ni se le entregó un certificado de defunción.

Ariel Lima Lago, de 19 años: fusilado el 18 de febrero de 1959 en La Cabaña

Con sólo 17 años, Ariel se unió al Movimiento 26 de Julio en la resistencia contra Batista. A mediados de 1958, fue capturado por fuerzas de seguridad bajo el tristemente célebre jefe de policía Esteban Ventura. Se dijo que Ariel había sido forzado a dar información sobre sus compañeros de conspiración bajo amenaza de violar a su madre. Sin embargo, su hermana insiste en que cuando le mostraron a Ariel evidencia de que los comunistas estaban infiltrados en el Movimiento 26 de Julio, comenzó a colaborar con la policía por voluntad propia.

Tan pronto el nuevo gobierno revolucionario llegó al poder, se ordenó que arrestaran a Ariel. Lo capturaron en Pinar del Río, tratando de encontrar un bote para huir de la isla. Fue enviado a la prisión de La Cabaña, donde un tribunal revolucionario lo condenó a muerte.

El capellán de La Cabaña, Javier Arzuaga, recuerda haberle rogado al Che por la vida del muchacho, alegando su juventud. Pero, en la vista de apelación, el Che ratificó su sentencia. La madre de Ariel se lanzó al suelo y le rogó al Che que le perdonase la vida a su hijo. Burlonamente, éste le respondió que hablara con el sacerdote, que "era un maestro consolando gente." Mientras Ariel esperaba su ejecución, Guevara le dijo a su madre que le perdonaría la vida. Esa tarde, ella se fue a casa muy contenta y celebró la noticia con su familia. Muy temprano a la mañana siguiente, el padre de Ariel, que trabajaba en un turno de noche, llegó con el periódico que reportaba en lugar destacado el fusilamiento de Ariel junto con el de Sosa Blanco, un coronel de las Fuerzas Armadas acusado de crímenes de guerra. La familia sufrió un trauma tremendo. Hicieron todo lo posible para recuperar el cadáver, pero no se les permitió realizar un funeral y tuvieron que enterrarlo inmediatamente.

Luego le dijeron a la familia que Raúl Castro había visitado La Cabaña y había pedido que Ariel y Sosa Blanco fueran fusilados inmediatamente. Quizá el Che Guevara había estado tratando de evitar una escena y las reacciones potencialmente explosivas de la familia, la comunidad y otros prisioneros. En fin, se desconoce qué sucedió realmente.

Aparte de sus padres, Ariel dejó una hermana de 17 años y dos hermanos de 15 y 11 años. Dos años más tarde, uno de los hermanos, José Antonio —con sólo 17 años- fue acusado de actividades contrarrevolucionarias y sentenciado a doce años de prisión.

Cornelio Rojas Fernández, de 59 años: fusilado en Santa Clara el 7 de enero de 1959
El Teniente Coronel y jefe de la Policía de Santa Clara provenía de una familia de distinguidos generales de las guerras de indepen-dencia contra España. Su padre, su abuelo y otros miembros de su familia pertenecían a la policía y al ejército de Cuba. Rojas asistió a la Academia Militar y ascendió en la escala de oficiales mucho antes de que Batista llegara al poder. Había servido como Inspector General de la Policía Nacional de Cuba y el 1ro de enero de 1959 era jefe de la policía de Santa Clara.

Casi inmediatamente después de que las fuerzas revolucionarias llegaron al poder, Rojas fue arrestado. Había desaparecido, pero su familia ignoraba su paradero. El 7 de enero (de 1959), las fuerzas revolucionarias rodearon su casa y quemaron el auto de la familia. Su esposa e hija estaban viendo la televisión cuando, se interrumpió la programación para transmitir su ejecución. Fue el primero de los muchos fusilamientos que serían televisados a la nación. Horrorizada, a su hija embarazada se le presentó el parto prematuramente. Como se le impidió abandonar la casa para ir al hospital, dio a luz a su hijo en la cama de su padre.

El Che Guevara había ordenado la muerte de Rojas antes de abandonar Santa Clara para ir a tomar el mando de La Cabaña en La Habana. No hubo un juicio previo y su familia nunca supo de que se le acusaba. Durante su ejecución, Rojas se comportó con gran dignidad frente al pelotón de fusilamiento. Rehusó cubrirse los ojos y declaró con voz firme: "Viva Cuba. Muchachos, ahora tienen su Revolución, cuídenla; no la pierdan. Ahora, estoy a sus órdenes." Y dio la orden de disparar. Rojas dejó una esposa, una hija (casada con un policía) y cuatro hijos que pertenecían al ejército.

Muchos miembros de la prensa fueron invitados a presenciar la ejecución, cuya filmación y fotos aparecieron en principales medios de Cuba.

Los hermanos de Vertientes: dos víctimas
de Che Guevara que no se conocía

Augusto Villalón

Esto ocurrió en una plantación de arroz, la Arrocera El Cimarrón, que administré en una época. Estaba al sur del pueblo de Vertientes y al oeste de la finca Altamira, en la provincia de Camagüey. "El viejo Andrés," que me contó esta historia, era el encargado del batey de la plantación; era como familia y había sido como un abuelo para mi pequeña hija, que nació mientras vivíamos allí.

La revolución contra el gobierno de Batista dirigida por Fidel Castro estaba en pleno apogeo. Yo me había mudado con mi familia de la arrocera al central azucarero "Lugareño," que estaba cerca del puerto de Nuevitas, al norte de Camagüey. Fidel Castro le había ordenado al Che Guevara que avanzara hacia el oeste. La marcha de los rebeldes los llevó a la ciénaga de Birama por una ruta del sur de Camagüey próxima a la costa que, por su carácter inaccesible, era terreno seguro para las tropas rebeldes. La plantación de arroz estaba en medio del recorrido de las fuerzas de Guevara y acamparon allí durante varios días en septiembre de 1958. Las instalaciones de la finca albergaban a unos 150 obreros, que trabajaban en el campo y las oficinas, así como en el taller y los silos.

Varias semanas después del triunfo de la Revolución el 1ro de enero de 1959, el viejo Andrés se apareció en mi casa en el central azucarero. Me dijo que tenía algo confidencial que contarme y, después del almuerzo, cuando estábamos solos, me relató lo siguiente:

"Un día, varios rebeldes aparecieron por allí en función de exploradores y anunciaron que el Che Guevara y el resto de su tropa estaban a punto de llegar a la arrocera. Llegaron esa noche y acamparon

en el batey. El Che se instaló en tu antigua casa y durmió en lo que había sido tu habitación.

De inmediato, el lugar entró en efervescencia. Como sabes, la delación era un medio fácil y rápido de granjearse la benevolencia de los rebeldes. Corrió un rumor acerca de dos hermanos que eran tractoristas y trabajaban para ti; pronto el rumor se convirtió en acusaciones de presuntos delitos y algunos de los trabajadores aceptaron declarar contra ellos. Esa noche se formó un tribunal presidido por el Che Guevara. El 'juicio' duró no más de media hora y al final el Che ordenó que los ataran y encerraran en una de las barracas. No se anunció la sentencia y nadie sabía qué iba a ocurrir.

En algún momento de esa misma noche, dos rebeldes llevaron a los hermanos al pequeño cayo de monte que había frente a tu antigua casa, en el potrero donde criabas vacas que luego se sacrificaban para alimentar a los obreros. Mientras cenábamos, oímos ráfagas de ametralladora, pero nadie habló del asunto. Muy temprano, a la mañana siguiente, salí a recorrer la zona de donde habían procedido los disparos y encontré los cuerpos de los hermanos. Los habían enterrado apresuradamente en una zanja muy llana y los puercos cimarrones del monte que bordeaba la finca habían venido durante la noche, excavaron la tierra y se comieron los intestinos de los cadáveres; estaban llenos de mordiscos y tenían un aspecto horrible.

Yo estaba indignado por lo que había visto y me fui directamente a tu antigua oficina, donde el Che Guevara estaba sentado ante el escritorio. Estaba tan furioso que, sin pensar en las consecuencias, increpé al argentino: 'Escúcheme, joven, cuando usted ordene que maten a alguien, lo menos que puede hacer es enterrarlo como merece. Sus hombres se limitaron a echar un poco de tierra encima de esos muchachos y los puercos vinieron y les comieron las tripas. ¡Eso no se hace!'. Guevara estaba de buen humor, se limitó a reír y me dijo: 'Vale, viejo, voy a seguir tu consejo.''

Salí de allí, puse los dos cadáveres en una camioneta y, junto con mi hijo Agustín, los conduje hasta un lugar que me pareció apropiado para enterrarlos. Nunca he dicho ni una palabra de esto a nadie y creo que nadie más de la arrocera conoce la historia. Los padres de esos muchachos no tienen ni idea de lo que pasó ni saben dónde están sus hijos. Los enterré bajo una caoba, cerca de la caseta de bombeo de la estación número diez. Tú debes buscar a los padres, darles la noticia y llevarlos a la tumba de sus hijos. Yo no voy a hacerlo."

El mayor de los dos hermanos de Vertientes ejecutados por orden de Che Guevara, circa 1958.

Así que fui al pueblo de Vertientes, de donde eran los dos hermanos, encontré a los padres y los llevé al lugar donde el viejo Andrés había enterrado a sus hijos. Al llegar, los abracé y me marché inmediatamente. No podía hacer nada más y ni siquiera sé cómo tuve el valor de hacer aquello.

Esto sucedió en marzo de 1959. Ni recuerdo los nombres de pila de los hermanos, pero sé quiénes eran y creo que tenían entre 26 y 30 años de edad. El mayor tenía unas marcas en el rostro que deben haber sido de acné juvenil. Me parece que las acusaciones que les formularon tenían algo que ver con rumores sobre sabotajes cometidos en la finca.

Resulta difícil comprender cómo pudo ocurrir este tipo de cosa, pero eran tiempos muy complicados. La gente que trataba de congraciarse con los revolucionarios denunciaba incluso a sus propios padres para apuntarse con los rebeldes. Para mí, fue un periodo muy difícil. Tenía sólo 28 años con una esposa y tres niños a mi cargo. Traté de sobrevivir como pude en medio de la confusión, el miedo y la inestabilidad de la guerra seguida por la primera etapa del proceso revolucionario. Fueron tiempos de grandes trastornos y, en realidad, no había a dónde acudir para denunciar este crimen.

El lugar donde los hermanos fueron asesinados estaba dentro de los linderos de una finca que fue propiedad de la familia Ugalde. El apellido del viejo Andrés era Ugalde, la finca había sido de su hermano. Era un buen hombre, la clase de persona que no abunda hoy en día. Siempre demostró tener una honradez y un sentido del honor extraordinarios.

Creo que el apellido de los hermanos era Tapia, pero han pasado más de cincuenta años y la memoria pudiera fallar. Pero todo ocurrió tal como lo he contado.

Augusto (Kiko) Villalón
Octubre 2017

Listado de víctimas del Che Guevara en Cuba

Casos documentados hasta octubre 2020
Trabajo en proceso

Archivo Cuba recoge información sistemáticamente y con toda seriedad. Reporta sus hallazgos con altos estándares de objetividad y transparencia. Toda lista de muertes documentadas que se atribuyen a Che Guevara no pretende ser un definitiva. Los listados pueden variar en el tiempo a medida que se perfeccionan los datos con nuevas fuentes y testimonios.

Consulte la base de datos en ArchivoCuba.org vea las secciones "El Proyecto" y "Reglas de Uso" con detalles sobre este proyecto.

119 ejecuciones documentadas hasta octubre de 2020 atribuidas a Che Guevara:

I. 25 ejecuciones por el Ejército Rebelde (al menos 6 fueron perpetradas u ordenadas directamente por Che Guevara).
Junto con Fidel y Raúl Castro, Che Guevara era comandante del Ejército Rebelde que combatió al gobierno de Batista principalmente en la Sierra Maestra.

3 ejecutados por desertar del Ejército Rebelde
René Cuervo, agosto de 1957.
Aristidio, octubre de 1957.
Pedro Guerra, 26 de junio de 1958.

8 ejecutados por colaborar con el ejército de Batista
"Chicho" Osorio, campesino de la zona, 17 de enero de 1957.
"El Negro" Nápoles, campesino miembro del Ejército Rebelde, 18 de febrero de 1957.
Eutimio Guerra, campesino miembro del Ejército Rebelde, 17 de febrero de 1957 (ejecutado por Che Guevara).
Dos campesinos no identificados, abril de 1957.

Filiberto Mora, campesino de la zona, 15 de abril de 1957.
Colaborador del ejército de Batista de nombre desconocido, agosto de 1957.
Manuel Fernández, **"Manolo Capitán,"** miembro del Ejército Rebelde, 1957.

<u>7 ejecutados por diferentes motivos</u>
"El maestro," campesino miembro del Ejército Rebelde ejecutado por tratar de impresionar a las mujeres de la zona fingiendo ser el Che Guevara, octubre de 1957.
José Martí, campesino miembro del Ejército Rebelde asesinado por el rebelde Lalo Sardiñas por quitarse las botas, en violación de las reglas, septiembre de 1957.
Los dos hermanos de Vertientes (de apellido Tapia, sin confirmar), ejecutados por orden de Che Guevara por cargos posiblemente fabricados de "chivatear." Son probablemente dos hermanos que se reportaron ejecutados por espionaje en octubre 1957.
Un oficial del Ejército Rebelde bajo el mando de Cresencio Pérez ejecutado por orden de Che Guevara por ser abusivo con los hombres a su cargo.
Dos miembros (o acompañantes) de la tropa Guevara ejecutados por orden de Che Guevara en Camagüey en o cerca de septiembre 1958, uno por fumarse un cigarrillo de un compañero sin pedir permiso y otro por servirse un plato de comida antes de que Guevara lo comiera.

<u>7 ejecutados por cometer crímenes</u>
José, "el chino," Chang. Chino-cubano miembro del Ejército Rebelde ejecutado por colaborar con la policía y abusar de la población local, octubre de 1957.
"El violador," miembro de la banda de Chang, ejecutado por violar a una muchacha campesina, octubre de 1957.
"El Bizco" Echevarría Martínez, miembro del Ejército Rebelde, ejecutado por robar a los campesinos de la zona a punta de pistola, octubre de 1957.
Dionisio Oliva y Juan Lebrigio, cuñados, abastecedores y colaboradores del Ejército Rebelde ejecutados por robar alimentos y abastecimientos, octubre de 1957.
Miembro del Ejército Rebelde y desertor del Ejército de Cuba ejecutado por una acusación de asesinato, junio de 1958.
Miembro del Ejército Rebelde y desertor del Ejército de Cuba ejecutado por tratar de violar a una muchacha, junio de 1958.

II. **29 fusilamientos documentados en Santa Clara en enero 1959.**

Che Guevara estuvo al mando de Santa Clara del 1ro al 3 de enero 1959. Antes de marcharse, firmó la orden de pena de muerte de muchos que fueron ejecutados más tarde.

<u>14 fusilados entre el 1 y 12 de enero</u>

- Ramón Alba Moya
- Domingo Álvarez Martínez
- Joaquín Casillas Lumpuy
- José Fernández Martínez
- Modesto Gallo Cruz
- Alejandro García
- "Cano" Prieto
- Ricardo Rodríguez Pérez
- Cornelio Rojas Fernández
- Francisco Rosell
- Ignacio Rosell Leyva
- Antonio Ruíz Beltrán
- Ramón Santos García
- Isidoro de Jesús Socarrás

<u>5 fusilamientos en Las Villas en enero 1959 sobre los cuales se desconoce el día exacto</u>:

- Felipe Barroso Pérez
- Héctor Mirabal
- Omar Mirabal
- Félix Montano Fernández
- Manuel Valdés

<u>10 fusilamientos documentados en Las Villas entre el 13 y el 31 de enero de 1959</u>:

- Pedro Borrell
- Andrés de la Rosa
- Horacio Hernández
- Manuel Jiménez Álvarez
- Rafael Naranjo Calderón
- Arturo Pérez Pérez
- Pablo Rodríguez Carazo
- Narciso Romero
- Antonio Sarduy
- Eligio Zuley

III. 1 fusilamiento en Santa Clara en febrero 1959

De los 32 fusilamientos documentados en Las Villas de febrero a abril 1959 solo uno se ha atribuido al Che Guevara por carecerse de suficiente prueba sobre los restantes. Sin embargo, familiares del fusilado José Velázquez Fernández han reportado que Guevara había firmado su orden de fusilamiento y la de muchos más. Con Velázquez, el 6 de febrero 1959 se fusiló a once individuos y el día anterior a doce. De estos 23 fusilados, solo 3 casos han sido documentados.

IV. **64 fusilamientos en la prisión Fortaleza de La Cabaña del 4 de enero al 26 de noviembre de 1959**

Guevara estuvo al mando de La Cabaña del 4 de enero al 26 de noviembre de 1959 (viajó fuera de Cuba del 4 de junio al 8 de septiembre). Luego de pasar a la presidencia del Banco Nacional se reporta que continuó aprobando las órdenes de fusilamiento allí; por desconocerse los detalles, las víctimas no aparecen en la siguiente lista.

Pelayo Alayón	José González Malagón
Pedro Alfaro	Ricardo Grao
José Alfaro Sierra	Evaristo Guerra
Mariano Alonso Riquelmo	Secundino Hernández Calviño
Miguel Ares Polo	Rodolfo Hernández Falcón
Alvaro Argueira Suárez	Francisco Hernández Leiva
Eugenio Becquer Azcárate	Jesús Insua González
Ramón Bicet	Enrique Izquierdo Portuondo
Roberto Calzadilla	Silvino Junco García
Juan Capote Fiallo	Ariel Lima Lago
Eladio Caro	Ambrosio Malagón
Antonio Carralero Ayala	Armando Mas Torrente
José Castaño Quevedo	Evelio Mata Rodríguez
Gertrudis Castellanos	Elpidio Mederos Guerra
José Chamace	José Milián Pérez
Ángel Clausell García	Pedro Morejón
Raúl Clausell Gato	Félix Oviedo González
Demetrio Clausell	Juan Pérez Hernández
Eloy Contreras Rabiche	Emilio Puebla
Roberto Cuni	Ramón Ramos Álvarez
Hermano Cuni #2	Rubén Rey Alberola
Antonio de Beche	Pablo Rivero Pérez
Mateo J. Delgado Pérez	Fausto Silva Guerra
José Díaz Cabezas	Jesús Sosa Blanco
Fidel Díaz Merquías	Renato Sosa Delgado
Antonio Duarte Becerra	Pedro Soto Quintana
Rudy Fernández	Oscar Suárez
Ramón Fernández Ojeda	Rafael Tárrago Cárdenas
Salvador Ferrero Canedo	Francisco Tellez
Héctor Figueredo	Francisco Travieso
Eduardo Forte	Marcelino Valdés
Ángel García León	Lupe Valdés Barbosa
Rafael García Muñiz	Sergio Vázquez
Ezequiel González	

Anexo

Según Miguel Sánchez, "el coreano," que entrenó a los rebeldes del 26 de julio en México para la expedición del Granma, a Che le fascinaba el poema, "La Deseperación," que repetía a viva voz. El poema se le atribuye a José de Espronceda o a Juan Rico and Amat. Ver varios trozos a continuación.

Me agrada un cementerio
de muertos bien relleno,
manando sangre y cieno
que impida el respirar;
y allí un sepulturero
de tétrica mirada
con mano despiadada
los cráneos machacar.

Me alegra ver la bomba
caer mansa del cielo,
e inmóvil en el suelo,
sin mecha embravecida
que estalla y que se agita
y rayos mil vomita
y muertos por doquier.

La llama de un incendio
que corra devorando
y muertos apilando
quisiera yo encender;
tostarse allí un anciano,

volverse todo tea,
oír como vocea,
¡que gusto!, ¡que placer!

Me gusta una campiña
de nieve tamizada,
de flores despojada,
sin fruto y sin verdor,
ni pájaros que canten,
ni sol haya que alumbre
y solo se vislumbre
la muerte en derredor.

Me gusta que al Averno
lleven a los mortales
y allí todos los males
les hagan padecer;
les abran las entrañas,
les rasguen los tendones,
rompan los corazones
sin de ellos caso hacer.

Bibliografía

1 al 4 de enero de 1959: cuatro días que consolidaron la victoria (Cronología).*Trabajadores*, Jan. 1, 2019.

Alarcón Ramírez, Dariel (Benigno). *Memorias de un soldado cubano: Vida y muerte de la revolución*. Barcelona: Tusquets, 2003.

Anderson, Jon Lee. *Che Guevara. A Revolutionary Life*. New York: Grove Press, 1997.

Base de datos de casos documentados de muerte y desaparición, Archivo Cuba, https://cubaarchive.org/es/base-de-datos/.

Arzuaga, Javier. *Cuba 1959: La galera de la muerte*. Editorial Carta de Cuba: Eagle Litographers, Inc., Miami, 2006.

Arzuaga, Javier. Entrevista radial en "Magazine Cubano" de 17 de diciembre de 2006. *LiberPress/Futuro de Cuba*, 25 de enero de 2007.

Bennet, Philip. "Finding Ernesto Guevara in the Myth of Che." *The Boston Globe*, 1997.

Berman, Paul. "Don't applaud The Motorcycle Diaries." Slate.com, 24 de septiembre de 2004.

Berman, Paul. "The Cult of Che." Slate.com, 30 de octubre de 1997.

Blázquez, Agustín. "Che's Motorcycle Follies." *La Nueva Cuba*, 28 de octubre de 2004.

Castañeda, Jorge G. *Compañero, The Life and Death of Che Guevara*. New York: Alfred A. Knopf, 1997.

Corzo, Humberto (Bert). "Che Guevara: Por la boca muere el pez." *Cuba Net*, 23 de enero de 2009.

Corzo, Pedro, Luis Guardia & Francisco Lorenzo. *Guevara: Misionero de la Violencia*. Instituto de la Memoria Histórica Cubana Contra el Totalitarismo, Miami, 2008.

Courtois, Stephane, Kramer, Mark, et.al. *The Black Book of Communism: Crimes, Terror, Repression*. Cambridge, Harvard University Press, 1999.

Daniels, Anthony. "Trés Che." *National Review*, 15 de septiembre de 1997.

Daniels, Anthony. "The real Che." *The New Criterion*, October 2004.

Del Risco, Enrique. "Verdad y dolor: Archivo Cuba y el costo en vidas del período de Batista." *Hypermedia Magazine*, 29 de agosto de 2020.

Díaz Castro, Tania. "Un relato verídico." La Habana, *Cuba Net*, 15 de octubre de 2004.

Duque Miyar, Evelio. *Mis Memorias: Importantes revelaciones del proceso revolucionario de Cuba*. Miami, 1995.

Farber, Samuel. "The Resurrection of Che Guevara." *New Politics*, Vol. 7, No. 1 (New Series), No. 25, Verano 1998.

Guardia, Luis (director). "Guevara, Anatomía de un Mito." Caimán Productions / Instituto de la Memoria Histórica contra el Totalitarismo, 2005.

Guevara, Ernesto (Che). "Mensaje a los pueblos del mundo a través de la Tricontinental." Conferencia de la Organización de Solidaridad con los Pueblos de Asia, Africa y Latinoamérica, La Habana, *Prensa Latina*, 16 de abril 1967.

Guevara, Ernesto (Che). *The African Dream: The Diaries of the Revolutionary War in the Congo*. Grove Press: New York, 1999.

Guevara, Ernesto (Che). *Diarios de Motocicleta: Notas de un viaje por América Latina*. Ocean Press, 2012.

Kantor, Miles. "Killer Chic." *Front Page Magazine*, 8 de marzo de 2004.

Kornbluh, Peter. "The Death of Che Guevara: Declassified." National Security Archive Electronic Briefing Book No. 5.

Lago Armando M. "El fraude de los 20 mil muertos de Batista." *Encuentro en la red*, Año III, Edición 469, 10 de octubre de 2002.

Lago, Armando M. *The Human Cost of Social Revolution*. Manuscrito inédito, 2008.

Latell, Brian. *After Fidel: The inside story of Castro's regime and Cuba's next leader*. New York: Palgrave MacMillan, 2015.

Lequerica de la Vega, Sara (Profesora Emérita en Los Angeles Valley College). "Ruthless killer," sin fecha.

Libre Magazine, Vol. I, Sep-Nov, 1971, p.6.

Montaner, Carlos Alberto. "El Che Guevara y las cosas que hacen los "progres." Fundación para el Análisis y Estudio Social (FAES), enero-marzo 2008, p. 177.

Moreno Cruz, José R. "El último santuario." *Cuba Encuentro*, Santa Clara, 9 octubre 2003.

"Nieto del Che: La Revolución cubana fue 'asesinada' por quienes la crearon." *Cuba Encuentro*, 18 de octubre de 2004.

Norland, Rod y Joshua Hammer. "Return of the Rebel." *Newsweek*, 21 de julio de 1997, p.17-23.

O'Hagan, Sean. "Just a pretty face?" *The Guardian*, 10 de julio de 2004.

Osborne, Lawrence. "Che Trippers." *The New York Observer*, 16 de junio de 2003, p. 17.

Pacepa, Ion Mihai and Ronald J. Rychlak. *Disinformation: Former spy chief reveals secret strategies for undermining freedom, attacking religion and promoting terrorism.* Washington, D.C.: WND Books, 2013.

Rubio, David. "Análisis de La Desesperación." Poemas: La vida en palabras, https://www.poemas.de/desesperacion/.

Sánchez, Miguel A. "A Mano Limpia," Entrevista con Oscar Haza, Programa *America Teve*, 2009.

Sokol, Brett. "Che Guevara--Still Popular as a Handy Symbol of Cool." *Miami New Times*, 5 de febrero de 2004.

Vilasuso, José. "Biografía del Che." Testimonio de un oficial a las órdenes del Che Guevara en la prisión de La Cabaña, RedCubana.com, Foro: Che, el chacal de La Cabaña. Sin fecha.

Vilasuso, José. *La Cabaña y el Che Guevara*. San Juan: BiblioGráficas, 2013.

Werlau, Maria C. Entrevista telefónica con Javier Arzuaga, ex capellán de La Cabaña. 29 de septiembre de 2009.

Werlau, Maria C. Entrevista con Julio Cañizares, ex combatiente del Ejército Rebelde bajo el mando del Che. Miami, 9 de febrero de 2009.

Werlau, Maria C. Entrevista con Rolando Castaño, hijo de José Castaño. 27 de agosto de 2009.

Werlau, Maria C. Entrevistas telefónicas con Miriam Clausell, hermana de Rául Clausell. 2007 y 29 de septiembre de 2009.

Werlau, Maria C. Entrevistas telefónicas con Marcelo Fernández Zayas, ex miembro del Movimiento 26 de julio que trabajó junto al Che. 2003 y 2004.

Werlau, Maria C. Entrevista telefónica con Argelia García Ares, hermana de Rafael García Muñiz. 20 mayo 2008.

Werlau, Maria C. Entrevista telefónica con Sergio García Muñiz, hermano de Rafael García Muñiz. 14 noviembre 2008.

Werlau, Maria C. Entrevista con Osvaldo Martínez, hijo de Osvaldo Alvarez Martínez. Miami, 25 febrero 2007, y entrevista telefónica, 18 de julio de 2007.

Werlau, Maria C. Entrevistas telefónicas con Bárbara Rangel, nieta de Cornelio Rojas. 22 de septiembre de 2009 y 30 de septiembre de 2009.

Werlau, Maria C. Entrevistas telefónicas con Jorge Utset, residente de Manzanillo, Cuba, en 1959. enero de 2011.

Werlau, Maria C. Entrevistas con José Vilasuso, 2015 y 2016.

Werlau, Maria C. Entrevista telefónica con María Elba Wahlenberg, hermana de Ariel Lima Lago. 13 de noviembre de 2009.

"Zenith and Eclipse: A Comparative Look at Socio-Economic Conditions in Pre-Castro and Present-Day Cuba." Bureau of Inter-American Affairs, U.S. Department of State, 9 de febrero de 1998, revisado junio 2002.

Sobre la autora

Maria C. Werlau cofundó la organización educativa sin fines de lucro *Free Society Project*, también conocida como Archivo Cuba ("Cuba Archive"), incorporada en Washington, D.C. en el 2001 para promover los derechos humanos con investigaciones y publicaciones. Sus publicaciones sobre temas cubanos en inglés y español son abarcadoras. Fue Segunda Vice Presidente de *Chase Manhattan Bank* y consultora por cuenta propia. Es licenciada en Relaciones Internacionales ("Foreign Service") de Georgetown University y tiene un Magister en Relaciones Internacionales de la Universidad de Chile. Nació en Cuba y llegó con sus padres a los Estados Unidos a los ocho meses de edad como refugiada política.

www.ingramcontent.com/pod-product-compliance
Lightning Source LLC
Chambersburg PA
CBHW021326160726
47994CB00004B/1625